Konsumgenossenschaften der Bergleute aus dem Harz und dem Deister

Werner W. Engelhardt

Über eine frühe Harzer Konsumgenossenschaft und ihre Mitglieder unter den Bergleuten

Otto Hoffmann

Der Consumverein der Berg- und Hüttenleute e.G.m.b.H. zu Goslar

Wolfgang Schulz

Die Konsumgenossenschaft in Wennigsen

Das Beispiel eines ländlichen Haushaltsvereins

HEINRICH KAUFMANN STIFTUNG

Adolph von Elm Institut
für Genossenschaftsgeschichte e.V.

2009

Herausgegeben von der Heinrich-Kaufmann-Stiftung
des Zentralverbandes deutscher Konsumgenossenschaften e.V.
und dem Adolph von Elm Institut für Genossenschaftsgeschichte e.V.
Baumeisterstraße 2, 20099 Hamburg, Telefon 040 - 235 19 79
www.kaufmann-stiftung.de
www.zdk.coop

Satz & Layout: Silke Wolf, Hamburg

Herstellung und Verlag: Books on Demand GmbH, Norderstedt
ISBN: 978-3-8391-3361-3

Inhaltsverzeichnis

Vorwort

Die Heinrich Kaufmann Stiftung des Zentralverbandes deutscher Konsumgenossenschaften e.V. und das Adolph von Elm Institut für Genossenschaftsgeschichte haben es sich zur Aufgabe gemacht, die Geschichte der Konsumgenossenschaften zu pflegen. Dabei geht es nicht um Nostalgie. Es ist noch Glut unter der Asche mancher längst aufgelöster Genossenschaft. Die Erinnerung an frühere Genossenschaften und an die Menschen, die sie mit großem Engagement, mit Liebe und manchmal mit Leidenschaft gegründet und vorangebracht haben, soll uns helfen, wieder Menschen zu motivieren, für das Genossenschaftswesen einzutreten. Es geht dabei um die wichtige Erfahrung, dass Genossenschaften nicht nur zum Geldverdienen und zur Warenversorgung da sind, sondern dass sie Menschen verbinden, dass sie Netzwerke schaffen, wie man heute sagt. Wenn oft der Verlust der heimatlichen Milieus beklagt wird, dann sollte man bedenken, dass solche Milieus nicht aus dem Nichts entstanden sind. Sie hatten ihre handfesten wirtschaftlichen Voraussetzungen. Im Konsumverein durfte früher nur einkaufen, wer Mitglied der Genossenschaft war. Also trafen sich in der Verteilungsstelle täglich die Mitglieder aus dem Quartier, die nicht nur Genossenschaftsmitglieder waren, sondern auch der Gewerkschaft, der sozialdemokratischen Partei oder der Kirche angehörten, und sie redeten nicht nur über Mehl- und Eierpreise.

Bei den Konsumvereinen sind oft aus kleinsten Anfängen beachtliche Unternehmen entstanden. Der Bedarf vieler Familien wurde gebündelt und ihre Spargroschen wurden zusammengelegt, so dass sie bald eigene Lastwagen, eigene Läger und Häuser hatten, die ihre Unternehmen krisenfest machten. Und es entstanden dabei Arbeitsplätze, die nicht zu den schlechtesten gehörten.

Sich mit der Geschichte der Konsumgenossenschaften zu beschäftigen heißt darum auch, Ideen aufzugreifen, die sich in der Vergangenheit als zweckmäßig erwiesen haben und die es heute auch unter veränderten Bedingungen wieder sein können.

Hamburg, Oktober 2009
Burchard Bösche

Über eine frühe Harzer Konsumgenossenschaft und ihre Mitglieder unter den Bergleuten

Von Prof. Werner W. Engelhardt

Zur Lebenslage der Bergleute im 19. Jahrhundert

Der in Neudorf im Ostharz[1] lebende Heimatforscher Dieter Hahn ist Nachkomme eines Knappschaftsältesten der Neudorfer Erzgrube am Pfaffenberg, einer der größten und bedeutendsten im Unterharz, wo unter anderem Bleiglanz, das silberhaltige Galenit gewonnen wurde.[2] Hahn ist im Besitz eines handschriftlichen *„Reglements der Herzoglichen Anhaltinischen Bergwerkskommission"* vom 19. April 1848, die damals an seinen Vorfahren – den Oberschlämmer Karl Große – ging. Unter dem Eindruck der 1848er revolutionären Bewegung unter anderem in Berlin und im Mansfeldischen, die in Neudorf am 9.2.1848 zum Mord an zwei vorgesetzten Bergleuten - dem Geschworenen Hahn und dem Steiger Hahn - geführt hat, besserte sich die Situation der Bergarbeiter kurzzeitig. Sie blieb nach heutigen Maßstäben aber wirtschaftlich und sozial problematisch.

Aus dem Reglement sei bezogen auf die Situation der Bergleute in der zweiten Hälfte des 19. Jahrhunderts im anhaltinisch verwalteten Unterharz hier zitiert[3]: Die Arbeitszeit einer Schicht „untertage" beträgt normalerweise 8 Stunden, in gar nicht seltenen Ausnahmefällen aber 12 Stunden. Für alle Aufbereitungsarbeiten, beispielsweise an der Haspel – mit der das Erz aus dem Schacht nach oben gezogen wurde – sind 12 Stunden vorge-

1   *Früherer zu Anhalt gehörender Landkreis Ballenstedt, heutiger Kreis Quedlinburg im Bundesland Sachsen-Anhalt, Postleitzahl 06493.*
2   *Siehe zur Illustration das Bild der Belegschaft der benachbarten Grube Meiseberg aus dem Jahre 1892, darunter der Bergschmied Karl (Christian Heinrich Marius) Engelhardt, ein 1860 geborener Vorfahr des Artikelverfassers (2. Reihe von unten, 2. von rechts).*
3   *Alles in diesem Teil der Abhandlung Mitgeteilte meist wörtlich zitiert nach der vorzüglichen Schrift von S. Trieder, Carl Adolph Riebeck. Vom Bergjungen zum Industriellen, Halle/Saale 2006, S. 15 ff.*

sehen. Für Handwerksarbeiten waren 15 Stunden angesetzt. Grundsätzlich kann eine vierstündige Nebenschicht für einen halben Stundenlohn angeordnet werden.

Nach dem neuen Reglement darf man während der Arbeitszeit immerhin essen! Krankengeld gibt es jetzt nach der zweiten Schicht, vorher erst nach der dritten Schicht. Urlaubsgesuche werden nach „Grundsätzen der Billigkeit gewährt", was immer dies im Einzelfalle bedeutet hat. Bei Grubenunfähigkeit wird die Rente von sechs auf zwölf Groschen erhöht. Die Lehrzeit beträgt sieben Jahre. Wer sich oberhalb der Grubeneinfahrt in den Tätigkeiten als Huftrecker, Wäscher, Vorschlämmer, Schlämmer, Setzer, Pucher und Oberschlämmer als geeignet zeigt, geht „untertage". Ein Lehrhäuer erhält vier Groschen pro Schicht. Aber ein Pfund Brot kostet zwei Groschen.

Das „Strafreglement der Anhaltinischen Bergwerkskommission" vom September 1848, das der Knappschaftsvorsteher zur Kenntnisnahme erhielt, sah vor: Ungehorsam und Ungebührlichkeiten gegen Vorgesetzte werden mit 12 - 24 Stunden Arrest geahndet; Trunkenheit in der Schicht mit dem halben Schichtlohn. Wer betrunken zum dritten Mal „erwischt" wird, darf eine Woche nicht zur Arbeit kommen. Unreinlichkeiten auf Halden werden mit einem halben Schichtlohn geahndet. Auch für Zänkereien gab es Arrest. Rauchen beim Ein- und Ausfahren aus der Grube wird mit einem halben Schichtlohn bestraft.

„Neujahrssingen" ohne Erlaubnis kostet einen Schichtlohn, denn diese Tätigkeit ist allein dem Lehrer vorbehalten. Die Höhe der Strafe zeigt, dass der Lehrer ordentlich was zu melden – sprich Pfründe zu verteidigen – hatte. Dagegen kostete das Versäumnis des Betens im evangelisch-reformierten Anhalt nur einen viertel Schichtlohn. Auch das Zuspätkommen zur Arbeit oder Zufrühgehen, das Schlafen während der Arbeitszeit, das Zwiegespräche mit anderen führen, wird mit einem viertel oder halben Schichtlohn bestraft. Zänkereien mit Förderpersonen an der Haspel werden mit dauerndem Arbeitsverbot bestraft. Auch wer beim Schmelzen des Gesteins schläft, so dass das Feuer herunterbrennt, kann für immer des Arbeitsplatzes verlustig gehen.

Die Belegschaft der Neudorfer Grube Meiseberg 1892

Ein Dorfschullehrer als Heimat- und Genossenschaftsforscher

Der Lehrer Wilhelm Schmidt, den der Verfasser der vorliegenden kleinen Abhandlung gut gekannt hat[4], war von 1919 bis 1945 ein angesehener Lehrer in Neudorf. Er beschäftigte sich in seiner Freizeit mit Mundart, schrieb Theaterstücke über historische Ereignisse der Region. Nicht zuletzt aber tat er dies: Er hielt seine Schüler an, über die Heimat zu forschen, Nachbarn und Großeltern als Zeitzeugen zu befragen und die mündlichen Erzählungen aufzuschreiben[5].

4   *Professor Dr. Werner Wilhelm Engelhardt, geboren am 13.2.1926 in Neudorf/Harz, war von 1971-1991 als habilitierter Hochschullehrer hauptamtlicher Dozent unter anderem für Sozialpolitik und Genossenschaftslehre an der Wirtschafts- und Sozialwissenschaftlichen Fakultät der Universität zu Köln. Er besuchte während seiner vierjährigen Grundschulzeit in Neudorf allerdings keine der Klassen, die damals durch den Lehrer Wilhelm Schmidt geleitet wurden. Zu Details des genossenschaftsbezogenen Werdegangs von Engelhardt vgl. H.J. Rösner und F. Schulz-Nieswandt (Hrsg.), Zur Relevanz des genossenschaftlichen Selbsthilfegedankens. 80 Jahre Seminar für Genossenschaftswesen der Universität zu Köln, Berlin 2007, S. 29 ff.*

5   *In den 20 er Jahren des 20. Jahrhunderts erteilte er den Schülern z.B. den Auftrag, sich mit dem damals schon sehr bekannten mitteldeutschen Industriellen Riebeck, der aus dem Harz stammte und kurze Zeit im benachbarten Harzgerode tätig gewesen war, zu beschäftigen.*

Schmidt verdanken wir auch einen aufschlussreichen Bericht über „Die Entwicklung des Konsumvereins Neudorf in den Jahren 1869-1929". Er schrieb diesen Bericht im Jahre 1930 und hat ihn vermutlich im „Harzgeröder Tageblatt", dem ortsnahen Presseorgan, veröffentlicht. In dem Bericht heißt es, ergänzt um einige Angaben, die der Verfasser der vorliegenden Abhandlung den bei Lehrer Wilhelm Schmidt zur Schule gegangenen Neudorfern Dieter Hahn und Käte Große – mit denen er seit langem freundschaftlich verbunden ist – verdankt: Im Frühjahr 1869, vor reichlich 60 Jahren also, wurde als eine der ersten Konsumgenossenschaften Deutschlands[6] der hiesige Konsumverein gegründet und zwar durch den Bergeleven Hermann Poetsch, einem hochintelligenten Techniker und Erfinder. 1897 wurde das Statut des „Consumvereins zu Neudorf, eingetragene Genossenschaft mit beschränkter Haftpflicht" an die teilweise neuen Bestimmungen des Reichs-Genossenschaftsgesetzes vom 1. Mai 1889 angepasst.

Erhebliche Schwierigkeiten waren naturgemäß besonders vor und kurz nach der Gründung der Kooperative zu überwinden. Dabei ging es vor allem um die Einrichtung einer Verkaufsstelle, die Organisation der Warenbeschaffung und nicht zuletzt um die Beschaffung des dazu erforderlichen Geldkapitals. Aber der Idealist Poetsch scheute keine Mühe, das Unternehmen auf die Dauer lebensfähig zu machen, was ihm auch gelang. Nicht selten bezahlte er die Waren zunächst aus eigener Tasche. Der Umsatz der Genossenschaft war in den ersten Jahren des Bestehens freilich recht klein, die Mitgliedertreue noch gering. 1909 hatte das kleine Unternehmen 160 Mitglieder, bis zum Jahre 1917 wuchs die

---

17 dieser Aufsätze hat Heimatforscher Dieter Hahn in seinem Archiv aufbewahrt. Vgl. S. Trieder, a.a.O., S. 19 f. und den Anhang des Buches mit 10 im Faksimile abgedruckten Aufsätzen der Neudorfer Volksschule (mit Erläuterungen von Käte Große).

6   Zumindest aber einer der ersten in Mitteldeutschland. Hermann Schulze Delitzsch, unser großer deutscher Genossenschaftspionier, bezifferte die Zahl der in Deutschland bestehenden Konsumvereine allerdings einige Jahre vorher bereits mit immerhin 20 Assoziationen. In einer Rede auf dem „Volkswirtschaftlichen Kongreß" in Weimar am 8. September 1862 sagte er: „Das Bedürfnis drängt noch nicht so darauf hin wie in England, dessen Entwicklung gegenüber wir uns noch in der allerersten Kindheit befinden". Vgl. Hermann Schulze-Delitzsch's Schriften und Reden, hrsg. von F. Thorwart, mit einer Einleitung neu hrsg. von W. Treue und K.H. Kaufhold, Frankfurt/M. 1999, S. 338. Zu den Anfängen in Großbritannien und zur Einordnung der Entwicklung in die Allgemeine Genossenschaftsgeschichte siehe M. Elsässer, Die Rochdaler Pioniere, Berlin 1982; Ders., Soziale Intentionen und Reformen des Robert Owen in der Frühzeit der Industrialisierung, Berlin 1984; H. Faust, Geschichte der Genossenschaftsbewegung, 3., überarbeitete und stark erweiterte Auflage, Frankfurt/M. 1977; W.W. Engelhardt, Allgemeine Ideengeschichte des Genossenschaftswesens, Darmstadt 1985.

Abgeändertes Statut

des

Consum-Vereins zu Neudorf,

eingetragene Genossenschaft mit
beschränkter Haftpflicht.

Der seit dem Jahre 1869 dahier bestehende Consum-Verein, eingetragene Genossenschaft, hat nach den Bestimmungen des Reichs-Genossenschaftsgesetzes vom 1. Mai 1889 sein Statut wie folgt abgeändert.

A. Firma, Sitz und Gegenstand des Unternehmens.

§ 1.

Die Genossenschaft führt die Firma: Consum-Verein Neudorf, eingetragene Genossenschaft mit beschränkter Haftpflicht, und hat ihren Sitz zu Neudorf im Harz.

Gegenstand des Unternehmens ist der gemeinschaftliche Einkauf von Lebens- und Wirthschaftsbedürfnissen im Großen und Ablaß im Kleinen an die Mitglieder.

(§ 2 Ziff. 1, § 3, § 6 Ziff. 1 u. 2 des Genossenschaftsgesetzes vom 1. Mai 1889.)

Statut des Consum-Vereins zu Neudorf

Mitgliederzahl in dem Dorf, das stets unter 1000 Einwohnern blieb, auf 213 Mitglieder an. Sie brachten ein Geschäftsguthaben von 9 368,29 Mark auf und erzielten einen Reingewinn von 4% des erzielten Umsatzes (siehe dazu zwei Geschäftsübersichten für das Jahr 1916/17 auf Seite 13 und 14.)

Konsumverein Neudorf / Ostharz, Verteilungsstelle

Viele Mitglieder der Genossenschaft kauften nämlich nach alter Gewohnheit den monatlichen Bedarf an den wichtigsten Lebensmitteln zunächst weiterhin im nahe gelegenen Harzgerode. Getreide bezogen die Bergleute und auch die sog. „Bergbeamten" aus dem Getreidemagazin der fiskalischen Anhaltinischen Berg- und Hüttenwerke, welches im Harzgeröder Schlosse eingerichtet war. Die in Harzgerode regelmäßig abgehaltenen Lohntage ließen naturgemäß viel Geld in die Kassen der privaten Harzgeröder Geschäfte kommen. Da war es für den Konsumverein Neudorf ein Vorteil, dass 1872 die Berg- und Hüttenwerke im Ostharz aus dem Staatseigentum des Fürstentums Anhalt in Privathand gelangten. Die gekennzeichneten Einrichtungen und Gewohnheiten für die Neudorfer kamen dabei fast gänzlich in Fortfall[7]. Der Konsumverein übernahm bald sogar den Verkauf von Mehl und Futterartikeln.

Konsum-Verein Neudorf-Silberhütte

:: :: eingetragene Genossenschaft mit beschränkter Haftpflicht. :: ::

Geschäfts-Übersicht

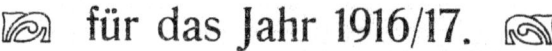 für das Jahr 1916/17.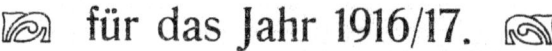

Im verflossenen Geschäftsjahre, welches vom 1. Juli 1916 bis 30. Juni 1917 lief, wurde ein Umsatz von **Mark 89 541,20** erzielt. Hiervon entfallen

auf Lager I Neudorf . . . . . . *M* 47 183,—
„ „ II Silberhütte . . . . . „ 42 358,20
M 89 541,20

Abschluß pro 30. Juni 1917.

Aktiva.		Passiva.	
An Hausgrundstücks-Konto I	5 944,03	Per Mitgliederguthaben-Konto	9 368,29
„ „ „ II	2 277,99	„ Reservefonds-Konto	1 850,—
„ Inventar-Konto I	386,82	„ Dispositionsfonds-Konto.	6 986,45
„ „ „ II	191,—	„ Kautions-Konto.	2 200,—
„ „ „ Büro	22,88	„ Hypotheken-Konto.	2 810,—
„ Kautions-Konto	2 200,—	„ Konto-Korrent-Konto.	15 388,44
„ Großeinkaufsges.-Anteil-Konto. . .	643,70	„ Lagerhalter-Konto	—,—
„ Kassa-Konto	261,04	„ Gewinn- und Verlust-Konto . . .	3 580,54
„ Sparkassen-Konto	57,83		
„ Fastagen-Konto	288,55		
„ Waren-Konto.	29 909,88		
	42 183,72		42 183,72

Gewinn- und Verlust-Rechnung.

Debet.		Kredit.	
An Abschreibungen:		Per Waren-Konto	9 408,49
2 % von Hausgrundstücken . . .	167,80	„ Mietzins-Konto	190,—
10 % vom Inventar Lager I . . .	42,98		
10 % „ „ „ II . . .	21,22		
20 % „ „ Büro . . .	5,72		
„ Steuern- und Abgaben-Konto . . .	491,94		
„ Unkosten-Konto.	322,04		
„ Versicherungs-Konto	84,82		
„ Gehälter- und Löhne-Konto . . .	4 702,65		
„ Skonto- und Porto-Konto	40,81		
„ Zinsen-Konto.	97,84		
„ Fastagen-Konto	40,13		
„ Bilanz-Konto (Reingewinn) . . .	3 580,54		
	9 598,49		9 598,49

Geschäfts-Übersichten aus dem Ersten Weltkrieg

Mitgliederbewegung.

Mitgliederbestand am Beginn des Jahres 207
Zugang bis 30. Juni 1917 6

Sa. 213

Ausgeschieden im Laufe des Jahres: a) durch Kündigung . . —
b) durch Tod . . . . —
Bleibt Mitgliederbestand am 30. Juni 1917 213

Die Mitglieder gruppieren sich wie folgt:
1. Landwirte 23
2. Fabrikanten 2
3. Berg- und Fabrikarbeiter 85
4. Fuhrherren und Gastwirte 10
5. Lehrer, Beamte etc 30
6. Selbständige Kaufleute und Händler . 7
7. Witwen und Pensionäre 49
8. Selbständige Handwerker 7

Sa. 213

Haftsumme der Mitglieder.

Am 1. Juli 1916   (207 × 50 ℳ) . . . . ℳ 10 350,—
Am 30. Juni 1917 (213 × 50 ℳ) . . . . ℳ 10 650,—
Somit vermehrte sich die Haftsumme um ℳ 300,—

Geschäftsguthaben der Mitglieder.

Am 1. Juli 1916 . . . . ℳ 9 144,08
Am 30. Juni 1917 . . . . ℳ 9 368,29
Somit vermehrte sich das Mitgliederguthaben um ℳ 224,21

Bemerkungen.

Der Reingewinn entspricht . . . . . . 4,00% des Umsatzes.
Die Gehälter, Löhne u. Provisionen betragen 5,25 „ „ „
Die Unkosten . . . . 0,36 „ „ „
Die Steuern und Abgaben . . . . . . 0,55 „ „ „
Die Abschreibungen . . . . 0,26 „ „ „
Die Versicherung etc. . . . . 0,20 „ „ „
Somit beträgt der Bruttogewinn . 10,62% des Umsatzes.

Die abgelieferten Dividendenmarken betragen **63 180,— Mark**. Die Zahl der kaufenden Mitglieder belief sich im laufenden Geschäftsjahr auf 202, sodaß die Warenentnahme pro kaufendes Mitglied **312,77 Mark** durchschnittlich ausmacht.

Neudorf-Silberhütte, den 8. Dezember 1917.

Der Vorstand.

Otto Dressel.   C. Engelhardt.   C. Keil

Die Geschäftsbücher, die Bilanz und die Gewinn- und Verlustrechnung sind geprüft und für richtig befunden worden.

Neudorf-Silberhütte, den 8. Dezember 1917.

Der Aufsichtsrat.

E. Schmidt, Vorsitzender.

Im ersten Jahrzehnt hatte der Verein zunächst kein eigenes Verkaufslokal. Laden und Verkaufsstelle waren beim Landwirt Heinrich Schmidt gegenüber der Kirche untergebracht, sodann beim Fuhrmann Gottfried Döring. Danach gelangten sie in eines im Unterdorfe gemietetes Haus, in der Nähe der damaligen Oberförsterei. Der dritte Lagerhalter war der Steiger Christian Hankel. 1879 war der Verein schließlich etwas gekräftigt. Auf Betreiben des damaligen Leiters, des Berggeschworenen Dietzel, bemühte man sich erfolgreich darum, ein eigenes Hausgrundstück zu erwerben, das dann langjährige Konsum-Grundstück an der Steigerstraße. Die Mittel wurden zunächst durch Hausanteilscheine aufgebracht, was natürlich eine bedeutende Opferfreudigkeit und genossenschaftliche Begeisterung der Mitglieder voraussetzte. Später wurde die Hälfte des jährlichen Reingewinns zur abschließenden Finanzierung der Immobilie verwendet.[7]

Der erste Geschäftsführer des Vereins war der Neudorfer Kantor Müller. Danach hat viele Jahre hindurch der Rechnungsführer Karl Thiele auch diesen Posten bekleidet. Nach ihm wurde ein Auswärtiger namens Nitsche Geschäftsführer im Hauptamte. Das war im Jahre 1898. Schon 1893 war auch in Silberhütte eine Verkaufsstelle der inzwischen als „Konsum-Verein Neudorf-Silberhütte" firmierenden Genossenschaft errichtet worden. Deren Umsatz entwickelte sich zunächst recht gut, was als Folge der am gleichen Ort befindlichen privatisierten Hüttenindustrie, den „Anhaltischen Blei- und Silberwerken", ganz selbstverständlich erscheint. Allerdings lehnte es der Generaldirektor der Hüttenwerke und vorherige Direktor des „Harzer Bergwerk-Vereins „Neudorf", Dr. Karl Friedrich Foehr - der an sich in der Carl-Zeiß-Stiftungs-Tradition stand und ein großer Befürworter genossenschaftlich/frei-gemeinnütziger Initiativen war[8] – auf Anweisung

---

7   Schulze-Delitzsch hat in seiner bekannten Genossenschafts-Zeitschrift „Innung der Zukunft" schon 1863 konstatiert, dass sich der „eigentliche Arbeiterstand" den Konsumgenossenschaften mit großer Vorliebe zuzuwenden anfängt. Diese Vorliebe beruht auf der allgemein verbreiteten Überzeugung, dass Konsumvereine ihren Mitgliedern die Lebensbedürfnisse bedeutend billiger und besser zu liefern imstande sind, als der Kleinhändler. Diese Überzeugung gründet sich auf Tatsachen. Der Kleinhandel im allgemeinen bedingt: teurere Preise bei schlechterer Ware, wenn auch die Fälschung bei uns nicht so häufig ist, wie uns dies zum Beispiel von England berichtet wird"; vgl. Hermann Schulze-Delitzsch's Schriften und Reden, a.a.O., S. 836 ff.

8   Dr. Foehr gliederte allerdings in schneller Folge der Konsumfiliale in Silberhütte „weitere genossenschaftliche Gebilde an: eine Bau-, Central-, Siedlungs-, Fischerei- und Ziegenzuchtgenossenschaft. Die Centralgenossenschaft war eine Art Spar- und Vorschussverein, war als Bank- oder Centralstelle der übrigen Genossenschaften gedacht". Zitiert nach „Deutsche Volksstimme". Organ der Mieter- und Gemeindereform-Vereine, hrsg. von A. Damaschke, Nr. 11, vom 5. 11.1903, S. 171 f.

der neuen Firmenleitung strikt ab, die von ihm veranlasste Gründung der Filiale zu bezuschussen, da der Konsumverein „durch den Beitritt neuer Genossen, auch in Neudorf, direkte Vorteile haben wird".

Nach Nitsche sind Geschäftsführer des Konsumvereins gewesen: L. Gille, Obersteiger Bock, O. Dresse und W. Bethge. Auf den ersten Kassierer Adolf Engelmann sind gefolgt: K. Große, K. Rollmann, L. Gille, W. Bock, F. Große, H. Deicke. Der erwähnte Steiger Hankel war im Konsum an der Steigerstraße bis 1883 Lagerhalter. Nach ihm war es über 20 Jahre der Steiger Timpe, dessen Frau eine Tochter des allerersten Lagerhalters war. Auf Timpe folgte der Bergschmied Karl Engelhardt (1905-1921)[9], sodann der Invalide V. Deike (1921-1929). Der jetzige Lagerhalter – schrieb der ortskundige Lehrer Schmidt 1930 weiter – ist ein Enkel Steiger Hankels. Im Jahre 1888 wurde an das erworbene Hausgrundstück an der Steigerstraße ein größerer Lagerraum angebaut, da infolge der Ausdehnung des Geschäftes die Waren in dem zur Verfügung stehenden Lager nicht mehr übersichtlich untergebracht werden konnten. 1905 wurde das Verkaufslokal wesentlich umgestaltet. Den bisherigen Laden machte man zur Wohnstube, den bisherigen Lagerraum zum Laden. Ein Anbau nahm hinfort die Waren auf. 1928 wurde ein Neubau als Kohlenlager errichtet.

Als im Jahre 1909 ein Bericht über die Entwicklung des Vereins in den ersten 40 Jahren herausgegeben wurde, musste derselbe geschlossen werden mit den Worten: *„Es fällt daher der Tag des vierzigjährigen Bestehens unserer Genossenschaft in eine Zeit des wirtschaftlichen Niedergangs unserer uralten Harzer Berg- und Hüttenindustrie, wovon unsere Mitglieder zum weitaus größten Teil schwer betroffen werden. Hoffen wir, dass der nunmehr 40 Jahre alte Konsumverein, welcher das Sinnbild genossenschaftlicher Treue in sich verkörpert, auch in den bevorstehenden schweren Zeiten aushalten und seinen Mitgliedern zum Segen gereichen möge."*

Inzwischen hat der Verein die Zeiten des Weltkrieges und der Inflation überstanden – so urteilte Lehrer Schmidt zum Schluss seines Berichts und er prognostizierte: *„Wenn auch die wirtschaftlichen Aussichten augenblicklich*

---

9   *Dies ist der oben (in Fußnote 2) erwähnte Großvater des Verfassers. Das Mitglied Karl Engelhardt hat zusammen mit meiner Großmutter zwischen 1905 und 1921 zeitweise auch die Verkaufstelle in Silberhütte betreut bzw. mitbetreut. (Siehe dazu das Bild über den Abriss von Werksanlagen in Silberhütte im Jahre 1911 an dem auch Karl Engelhardt (vordere Reihe, 4. von links) beteiligt war)*

Abriss der „Silberhütte" 1911

sehr trübe sind, so steht doch zu erwarten, dass der aufblühende Fremdenverkehr unseres Ortes zusammen mit anderen Faktoren der alten Konsumgenossenschaft weiterhelfen wird. "

Wie es mit der Konsumgenossenschaft weitergegangen ist

In der Tat hat der in den letzten Jahren der Weimarer Republik und während der Hitlerzeit im „Dritten Reich" (1933-1945) entstandene Fremdenverkehr auch dem Neudorfer Konsum zunächst eine weitere gedeihliche Entwicklung gesichert. Allerdings gab es schon vor dem Ersten Weltkriege und dann andauernd bis einige Jahre nach Ende des Zweiten Weltkriegs - auch eine innerdörfliche erwerbswirtschaftliche Konkurrenz für den Konsum: nämlich durch den „Gemischt- und Kolonialwarenladen" von Pauline Gille in der Hinterstraße des unteren Dorfteils, gegenüber der Kirche gelegen.

Der Bergschmied und Genossenschafter Karl Engelhardt

Dieses Geschäft hat ab Mitte der zwanziger Jahre dann die Nichte von Pauline Gille, die Mutter des Verfassers des vorliegenden Berichts: Helene Engelhardt, übernommen und erfolgreich weitergeführt. Die große und weltweite wirtschafts- und gesellschaftspolitische Kontroverse zwischen genossenschaftlichen und erwerbswirtschaftlichen Geschäftsprinzipien fand damit praktisch ein wenig auch innerhalb unserer Familie statt – bei anhaltend gutem Einvernehmen zwischen allen Beteiligten. Der inzwischen sehr alt gewordene Großvater des Verfassers verstarb mit 78 Jahren im Dezember 1938. Er wurde als hoch angesehener Neudorfer Bergmann und Genossenschafter in seiner Bergmannsuniform beerdigt.

Zu Zeiten der DDR erwarb die Konsumgenossenschaft Neudorf 1959 das Gebäude der früheren Domäne in Neudorf in der Hauptstraße 32. Nach gründlicher Rekonstruktion konnte am 1. Juni 1960 ein modern eingerichtetes Landwarenhaus eröffnet werden. Im Laufe der nächsten Jahre wurden beachtliche weitere Erneuerungen an dem Gebäude durchgeführt, so eine Aufstockung und die Erneuerung des Ziegeldachs. 1980 baute der Konsum einen Kiosk zum Verkauf von Obst, Gemüse und Getränken für die unter den Bedingungen des gespaltenen Deutschlands immer noch beachtliche Zahl von Urlaubern. Inzwischen waren es allerdings meist jugendliche Urlauber, die an den Teichen in der Umgebung des Ortes ihre Ferien verbracht haben.

Der Genossenschaftsgedanke erfreute sich auch in der Deutschen Demokratischen Republik einiger Wertschätzung. Insgesamt gab es hier nicht weniger als 211 Konsumgenossenschaften. Der Konsum in Neudorf wurde allerdings bald unselbständiger Teil der Konsumgenossenschaft des Landkreises Quedlinburg. Nach der Wende wurde diese regionale Genossenschaft, die zuletzt 15.350 Mitglieder hatte, im Dezember 1998 aufgelöst[10].

---

10 *Laut Angaben in „Der Harzbote" vom 8.1.1999.*

Satzung

des

Konfum- u. Spar-Vereins

zu

Hüttenrode a. Harz

eingetragene Genossenschaft mit beschränkter Haftpflicht.

Druck: H. Rieke & Co. (Harzer Echo), Blankenburg-Harz

Titelseite der Satzung einer anderen Harzer Konsumgenossenschaft

Der Consumverein der Berg- und Hüttenleute e.G.m.b.H. zu Goslar

Von Otto Hoffmann

Eine Geschichte von Berg- und Hüttenleuten, die keiner kennt und trotzdem in Erinnerung gerufen werden sollte. Spiegelt sie doch einen Teil des Kampfes um das tägliche Brot von Berg- und Hüttenarbeitern wider. Es sollte auch deshalb über sie geschrieben werden, weil er als Arbeiterverein zur Selbsthilfe gegründet, betrieben und schließlich durch Handel und Gewerbe verfolgt und 1933 *„allen Staatsbeamten und ‚Lehrern, sowie den im Staatsdienste beschäftigten Angestellten und Arbeitern die Mitgliedschaft in Konsumvereinen verboten wurde"*. Dazu gehörten die Belegschaften der Unterharzer Berg- und Hüttenwerke in Goslar.

Die ersten Unterlagen der Berginspektion Rammelsberg sind aus dem Jahre 1899, Hier zeichnet sich bereits das kommende Unwetter ab. Die Hauptmannschaft in Clausthal und die Kammer-Direktion der Bergwerke in Braunschweig beziehen sich in einem Schreiben an die Werksverwaltungen auf eine Beschwerde aus Kreisen der Gewerbetreibenden an die Handelskammer. In der Beschwerde wird den Staatsbeamten vorgeworfen, als Sammler von Bestellungen, Wiederverkäufer oder in sonstiger Form tätig zu sein.

Die Behörde erwartet von den Werksverwaltungen Berichterstattung. Die Bergräte Bräuning und Richard geben für die Hütte in Oker und Rammelsberg einen gemeinsamen Bericht ab.

„... Im Jahre 1873 wurde von 58 Arbeitern der Comm. Unterh. Berg- und Hüttenwerke ein Konsumverein unter der Firma: Konsumverein der Berg- und Hüttenleute mit dem Sitz in Goslar gegründet. Die Veranlassung dazu waren die sehr hoch gehaltenen Preisforderungen für Lebensmittel. Die Arbeiter er-

Der Consumverein
in Berka/Harz

strebten und hofften, angeregt durch die Erfolge bereits bestehender Konsumvereine, auf diesem Wege der Selbsthülfe die notwendigen Haushalts- und Lebebedürfnisse in guter Qualität durch Bezug im Großen und Abgabe im Kleinen, ausschließlich an die Mitglieder ihrer Vereinigung, billiger beschaffen zu können als bei den bisherigen Bezügen aus Detailgeschäften. "

Das Borgsystem sollte beseitigt werden

Das auf die Verbesserung ihrer Lage gerichtete Bestreben der Arbeiter musste die Billigung der vorgesetzten Behörde finden, als die auf dem Barzahlungsprinzip beruhende Einrichtung der Konsumvereine außer dem vorerwähnten Zwecke auch eine Verbesserung der wirtschaftlichen Verhältnisse der Arbeiter erwarten ließ, *„insbesondere einer Beseitigung des Borgsystems, durch welches bis dahin eine große Anzahl der Arbeiterfamilien den Händlern vollständig in die Hände gegeben war …".* Im weiteren: *„Mit dem raschen Wachsen des Vereins* (die ursprüngliche Mitgliederzahl von 58 war innerhalb eines Jahres auf über 300 gestiegen) *wurde auch die Verwaltung des Vereins eine umfangreichere und schwierigere, die Arbeiter ersuchten deshalb ihre Beamten, ihre Zwecke durch Beitritt in den Verein und Übernahme eines Teils der Verwaltungsgeschäfte fördern zu helfen …"; „…ließen ihre Dienste im Interesse der Sache eine Reihe von Jahren unentgeltlich später gegen eine angemessene Vergütung. "„…Eine direkte Unterstützung der Konsumvereine durch die Werksverwaltung findet nicht statt. "*

Abschließend bitten sie die Hauptmannschaften, die weitere Tätigkeit der Beamten zu gestatten. Im Text: *„Ja, es ist sehr leicht möglich, dass, wenn das fragliche Verbot erlassen wird, dann das Unternehmen* (Anmerkung: der Kon-

Erzbergwerk Rammelsberg Ende des 19. Jahrhunderts

sum) *zu Grunde geht und die früheren, oben erwähnten Missstände beim Wareneinkauf in Goslar wieder Platz greifen."*

Nach sorgfältiger Prüfung der Angelegenheit wird im gleichen Jahr die weitere Tätigkeit der Beamten genehmigt.

Kampf gegen die Konsumgenossenschaft

Die folgenden Berichte, Zeitungsabschriften, Verfügungen und der Geschäftsbericht stammen aus dem Jahr 1911. Den Abschluss soll ein Beschluss des Braunschweigischen Staatsministeriums vom 13. April 1933 bilden.

Das 1899 sichtbar gewordene Unwetter entlud sich nun mit aller Gewalt. Geschäftliche wie politische Hintergründe führten zu einem Höhepunkt im Kampf gegen die Konsumgenossenschaften. Diesmal war der Ausgangspunkt ein Brief, dessen Abschrift ohne Unterschrift (der Name war nicht leserlich) in den Rammelsberger Akten liegt, an den Staatsminister

SEIFEN-FABRIK
GROSSEINKAUFS-GESELLSCHAFT DEUTSCHER CONSUMVEREINE m.b.H. HAMBURG.
GRÖBA-RIESA.

von Sydow in Berlin vom März 1911. Der Abschrift sind Zeitungsberichte aus der Hildesheimer Zeitung vom 24. Februar 1911 und der Goslarschen Zeitung vom 27. Februar 1911 beigefügt.

Anschuldigungen gegen Beamte

Der Brief an den Staatsminister beginnt wie folgt: *„Unterzeichneter erlaubt sich, Ew. Exzellenz anbei einige Zeitungsberichte zuzusenden und gestattet sich im Weiteren, zu der Konsumfrage noch einiges zu bemerken, und zwar 1. zu dem Artikel betreffs der Unrentabilität der fiskalischen Berg- und Hüttenwerke des Harzes."*

Was nun folgt ist eine Anhäufung von Anschuldigungen gegen die Beamten, die in den Vorständen und Aufsichtsräten der Konsumvereine die Leitung übernommen haben. Scheinheilig beginnt der Schreiber hier in Sorge um die betrogene Arbeiterschaft. Er schreibt: *„Besonders in dem Konsumverein von Clausthal-Zellerfeld im Oberharz, der von Bergräten usw. geleitet wird, sollen Zustände herrschen, die man alles andere aber nicht wohlwollend für das arbeitende Volk, aus dem die Majorität der Mitglieder besteht, bezeichnen kann."*

Stärkt die Genossenschaftswirtschaft,
stellt Euch vor Eure eigenen Fabriken!
Nur GEG-Erzeugnisse aus Euerm
Konsumverein!

GROSSEINKAUFSGESELLSCHAFT DEUTSCHER CONSUMVEREINE M.B.

Dann folgen die Verdächtigungen um schließlich wieder den betrogenen Arbeiter anzuführen. Hier schreibt er: *„... auf diese und ähnliche Weise glauben die Mitglieder der unteren Stände, von den Vorständen ihres Konsumvereins, die teilweise auch ihre Vorgesetzten sind, heimlich ausgebeutet respektive benachteiligt zu werden."*

Er geht dann auf die Geschäftsverbindungen mit der Großeinkaufsgesellschaft in Harnburg ein. Er schreibt: *„Es wird Ew. Exzellenz nicht unbekannt sein, dass diese Großeinkaufsgesellschaft ein sozialdemokratisches Institut ist, aus dem direkt oder indirekt die sozialdemokratische Parteikasse große Einnahmen hat."*

Dann lässt er die Katze aus dem Sack: *„Wie schwer der gewerbetreibende Mittelstand des Harzes unter den Konsumvereinen zu leiden hat, dürfte nachfolgende Statistik beweisen. In Clausthal-Zellerfeld hat der Konsumverein ca. 2.500 Mitglieder, da man nun zu jedem Mitglied durchschnittlich vier Familienmitglieder rechnen muss, so sind es an diesem Platze 10.000 Personen, die ihre Lebensmittel in der Hauptsache aus dem Konsumverein beziehen. Die beiden Orte zählen nur etwa 13.000 Einwohner."* Es folgen weiter Orte aus dem Ober- und Vorharz.

Der Briefeschreiber geht abschließend noch einmal auf die Notiz der Goslarschen Zeitung ein und lobt das Verhalten der Hannoverschen Eisenbahnverwaltung. Sie hat die Eisenbahnbeamten und Staatsarbeiter unter Androhung einer Entlassung aufgefordert, aus dem Lindener Haushaltsverein auszutreten.

Und zum Schluss: *„Würden Ew. Exzellenz in unserem sonst so schönen Harz in ähnlicher Weise gegen das Konsumwesen einschreiten, würde der Dank aller Gewerbetreibenden, die hier schwer um ihre Existenz ringen, Ihnen sicher sein; der größte Nutzen aber würde dem Staate und somit der Allgemeinheit zufallen, denn von der Stunde an, wo in dieser Beziehung Abhilfe geschaffen wird, wird die Rentabilität der Harzer Berg- und Hüttenwerke sich ganz bestimmt heben."*

Da der Artikel der Hildesheimer Zeitung vom 24. Februar 1911 unter der Überschrift: *„Die Unrentabilität der fiskalischen Berg- und Hüttenwerke des Harzes"* erschien, musste Herr von Sydow als Verantwortlicher der Staatsbetriebe handeln. Ging es doch um schwere Vorwürfe gegen leitende Beamte der Staatsbetriebe.

Bergwerk Rammelsberg, Anfang des 20. Jahrhunderts

Beamte bekleideten Ehrenämter

So kann man unter anderem in dem Artikel lesen: *„Für die Unrentabilität der Werke werden alle möglichen Gründe seitens der Werksverwaltung angeführt, die ja auch begründet sein mögen. Bei allen diesen Erörterungen ist bislang eine Tatsache, die in hervorragender Weise zu den schlechten Ergebnissen beiträgt, nicht beachtet worden. Es wird weiten Volksschichten neu sein, dass ein großer Teil der fiskalischen Beamten neben ihren eigentlichen Berufsarbeiten noch allerhand bezahlte und Ehrenämter bekleiden, wodurch ihre Arbeitskräfte ihrem eigentlichen Beruf zum erheblichen Teil entzogen werden."*

Anschließend zählt er im Einzelnen die Tätigkeiten in den Orten mit den entsprechenden Vergütungen auf. Das reicht von Bad Grund bis Vienenburg.

Weiter heißt es: *„Dass die Berg- und Hüttenbetriebe unter diesen Verhältnissen zu leiden haben und die Unrentabilität der Werke durch diese Zustände mit hervorgerufen wird, dürfte wohl klar auf der Hand liegen. Diese Verhältnisse sind um so unverständlicher, da den Post- und Eisenbahnbeamten es nicht gestattet* *ist, irgendwelche bezahlte Nebenämter zu bekleiden, selbst zur Bekleidung von Ehrenämtern bedürfen sie in jedem Falle der Genehmigung ihrer vorgesetzten Behörde.*

Da man ja seitens der Staatsregierung bestrebt ist, die Werke rentabel zu machen, dürfte eine Würdigung vorstehend geschilderter Verhältnisse nicht ohne Bedeutung sein. An einer Abänderung dieser Zustände haben auch weite Kreise des gewerblichen Mittelstandes das allergrößte Interesse. Unter den bisherigen Verhältnissen hatten diese Leute von Seiten der Beamten fast gar nichts einzukommen, während sie anderseits durch ihre Steuern zu den Gehältern mit beitragen müssen. Würde der Staat seinen Beamten im Harz die Übernahme solcher Nebenämter untersagen und dafür dieselben durch eine kleine Gewinnbeteiligung entschädigen, was in vielen Privatbereichen bereits der Fall ist, dann würde zweifellos das Interesse der Beamtenschaft ein ganz anderes sein ...".

Alles Weitere wurde nach dem alten Ritual abgehandelt. Der Minister fordert von den Hauptmannschaften einen Bericht an, diese von den Werksverwaltungen. Der Rammelsberg und Oker geben den bereits 1899 verfassten, ein wenig veränderten, neu ab. Dazu wurde dem Konsumverein die Gelegenheiten gegeben, eine Stellungnahme abzugeben.

Der Konsumverein berichtet dem Minister

Hier ist zu lesen: *„Der Consumverein der Berg- und Hüttenleute e.G.m.b.H. zu Goslar wurde am 31. Mai 1873 gegründet. Die ersten Vorstandsmitglieder waren die Bergleute Jung, Zänker und Morig. Der Verkauf fand im Kellerlocal des Zehntgebäudes* (jetzt Amtsgerichtsgebäude, Markt 6) *statt und zwar war das Local von der Bergverwaltung unentgeltlich hergegeben. Nach Übernahme des Gebäudes durch die Justizverwaltung wurde eine Miete von 150 Mark jährlich gezahlt ...". „Im Jahre 1883 wurde ein eigenes Haus am Hohenwege käuflich erworben und im Jahre 1907 eine Filiale an der Frankenbergerstraße errichtet."*

Im Weiteren wird die Entwicklung des Vereins aufgezählt. Dabei dürfte die soziale Betätigung nicht unerwähnt bleiben. *„Ferner zahlt der Consumverein an das Henriethenstift zu Hannover jährlich 600 Mark, wofür den Mitgliedern des Vereins im Notfalle eine Diakonissin unentgeltlich zur Verfügung steht."* Aus dem Geschäftsbericht von 1911 geht hervor, dass von der

Erzbergwerk Rammelsberg

Krankenschwester bei 75 Kranken 197 Besuche ausgeführt und 98 Nacht-wachen verrichtet wurden. Außerdem ist in verschiedenen Fällen für Kran-kenkost gesorgt worden.

Der Vorstand berichtet aber auch von den Geschäftsverbindungen mit dem hiesigen Gewerbe und Handel. So wurden mit 57 Kaufleuten zu Goslar Verträge abgeschlossen. Nach den abgegebenen Marken hatten die Geschäfte 1910 einen Umsatz von 288.420 Mark. Der Konsum bezog von 47 Kaufleuten und Gewerbetreibenden Waren im Wert von rund 77.500 Mark.

Von den 1.823 Mitgliedern sind etwa die Hälfte Fabrik- und Bergarbeiter und Handwerksgesellen. Die zweite Gruppe mit 386 Mitgliedern, davon 328 weiblich, sind Rentner, Pensionäre und andere ohne Beruf. Selbständi-ge Kaufleute, Handwerker, Landwirte, Fuhrherren, Gast- und Schankwirte sind ebenfalls mit über 120 Personen vertreten. Ärzte, Lehrer, Staats- und Gemeindebeamte sowie 188 untere Eisenbahn- und Postbeamte bilden eine weitere Gruppe. Die Mitglieder bilden also einen guten Durchschnitt aller Bevölkerungsschichten.

Im Laufe des Jahres werden alle Berichte gesammelt und ausgewertet. Am 13. Dezember 1911 ergehen Richtlinien und Anweisungen durch die vorgesetzte Behörde an die Werke.

1. wird festgelegt, wie weit die Unterstützung reiner Werksvereine gehen darf und
2. wird bezüglich des Goslarer Konsumvereins festgestellt, dass nur noch 480 Angehörige der Belegschaft Mitglieder sind und er demnach nicht mehr als Werksverein anzusehen ist.

Den noch im Verein tätigen Beamten wird nahe gelegt, ihre Ämter zur Verfügung zu stellen. Schichtmeister Winkel und Grubensteiger Spier scheiden mit dem 1. Juli 1912 aus der Verwaltung des Konsum-Vereins aus.

Letzter Absatz der Verfügung: *„Wie der Bericht vom 22. März 1911 ergibt, steht der dortige Konsumverein in Geschäftsverbindungen mit der Großeinkaufsgesellschaft in Harnburg. Wir erwarten, dass in Zukunft jeder Warenbezug von diesem unter sozialdemokratischen Einfluss stehenden Unternehmen unterbleibt.“*

Aus für den Konsum am 5. Mai 1933

Das Aus für den Konsum wird am 5. Mai 1933 aus Braunschweig geblasen. In einem Schreiben der Geschäftsführung der Unterharzer Berg- und Hüttenwerke wird betreffs der Mitgliedschaft beim Konsumverein folgendes mitgeteilt: „Das Braunschweigische Staatsministerium hat am 13. April d. J. folgenden Beschluss gefasst, dass allen Staatsbeamten und Lehrern sowie den im Staatsdienste beschäftigten Angestellten und Arbeitern die Mitgliedschaft in Konsumvereinen verboten wird.“

Ein Kommentar unter diesem Schreiben lautet: „Dann kann die Konsum- und Spargenossenschaft der Berg- und Hüttenleute ihre Bude zumachen.“

O k e r , den 5. Mai 1933.

An

    das Erzbergwerk Rammelsberg

            G o s l a r .

Bf./A.

Betr. Mitgliedschaft bei Konsumvereinen.

Das Braunschweigische Staatsministerium hat am 13.April d.Js. folgenden Beschluß gefaßt:

„Allen Staatsbeamten und Lehrern sowie den im Staatsdienste beschäftigten Angestellten und Arbeitern wird die Mitgliedschaft in Konsumvereinen verboten. Dieses Verbot ist allen dort beschäftigten Personen der genannten Art unverzüglich bekanntzugeben."

Das Verbot der Mitgliedschaft in Konsumvereinen gilt nach einer Anordnung unserer Gesellschafter auch für die Angestellten und Arbeiter unserer sämtlichen Betriebe und ist infolgedessen in der üblichen Weise bekanntzugeben. Von der erfolgten Bekanntgabe ist uns binnen 5 Tagen zu berichten.

Dann kann die Konsum-u.Spargenossenschaft der Berg-u.Hütten-leute ihre Bude z.machen

Unterharzer Berg-u. Hüttenwerke G. m. b. H.

Das Verbot der Mitgliedschaft im Konsumverein 1933

Die Konsumgenossenschaft in Wennigsen
Das Beispiel eines ländlichen Haushaltsvereins

Von Dr. Wolfgang Schulz

Kleine ländliche Genossenschaften

Bei der Darstellung der Konsumgenossenschaften wird üblicherweise auf Genossenschaften in den Städten abgestellt, da diese aufgrund der großen Mitgliederanzahl ihre Entwicklung papiermässig dokumentierten. Allerdings stellten sich die „kleineren" Genossenschaften im Rahmen von Verbandstagungen oder auf Einkaufsveranstaltungen nicht hinten an, sondern wurden als vollwertige Mitglieder in den Gremien anerkannt. Der Reiz und die Dynamik der kleinen Gründungen lassen sich in den Verbandsschriften überzeugend und mit einem gewissen Glanz nachvollziehen. Kleine Genossenschaften brachten Anträge ein, entwickelten Strategien zur Entwicklung ihres Wirtschaftsraumes und verwiesen auf gesellschaftliche Problemstellungen.

Unterschiede Stadt - Land

Die klassischen Unterschiede Stadt-Land sind heute nivelliert und unbedeutend. In der Zeit der Gründungen, also um 1900, sind jedoch einige schwerwiegende Differenzen zu bedenken, die den Gründungsprozess und die Weiterentwicklung betreffen. Dies sind beispielsweise:
- Die divergierende Mitgliederstruktur nach Berufsklassen in der Stadt und auf dem Land mit den neuen Arbeiterklassen in der Eisenindustrie und in Chemiebetrieben; insbesondere die Trennung von Wohn- und Arbeitsort.
- Die Kaufkraft ist in der Stadt deutlich höher ausgeprägt als in der ländlichen Umgebung, die häufig an der Hungergrenze angesiedelt ist. Im Alltag sind Zahlungsmittel ungebräuchlich.

- Der Einsatz von Werbemitteln war in den Städten üblich, im ländlichen Bereich wurden diese durch Mundpropaganda gleich welcher Art ersetzt.

- Die Kundennachfrage betrifft in der Stadt elementare Nahrungsmittel und Konserven, einige Genussmittel, chemisch-technische Artikel und Gebrauchsgüter. Diese Sortimente liefert die GEG-Hamburg in Standardqualität. Aufgrund der hohen Eigenversorgung bilden sich in den ländlichen Konsumgenossenschaften andersartige Bedarfs-Schwerpunkte, die dann auch zur Warenversorgung durch die (gelegentlich konkurrierenden) Raiffeisengenossenschaften führte. Gängige Artikel auf dem Lande waren: Petroleum, Kerzen, Reparatur- und Baumaterial, Seife und Waschmittel, Kolonialwaren und Futtermittel für die häusliche Nutztierhaltung.

- Als besonders nachteilig gestaltete sich der Standortfaktor für die ländlichen Genossenschaften: diese konnten aufgrund der räumlichen Entfernung zur GEG-Niederlassung in Hannover nur „alle zwei Wochen" beliefert werden, während sich in den städtischen Bereichen (wie Braunschweig, Göttingen, Hameln, Hannover) ein engeres Netz von Logistikbeziehungen entwickelte.

Der Haushaltsverein Wenningsen

Ein nicht unwesentlicher Teil des gesellschaftlichen Lebens vollzog sich innerhalb der konsumgenossenschaftlichen Bewegung, die neben der Lebensmittelversorgung und Erwachsenenbildung auch kulturelle und gemeinwirtschaftliche Ziele verfolgte.

Der Haushaltungs-Verein Wennigsen wurde 1886 gegründet und 1893 als Haushalts-Verein in das Genossenschaftsregister eingetragen. Eine stetige Aufwärtsentwicklung kennzeichnet den Verein. Nach Verbot und Wiedergründung als Konsumverein 1947 wurden die Geschäfte mit Nahrungs- und Genussmitteln, Brennstoffen und Gebrauchsgütern bis 1994 fortgesetzt.

Die Firmierungen in der Konsumgenossenschaft Wennigsen mit ihren beiden Filialen und der Konsumgenossenschaft Bredenbeck lauteten: Haushaltsverein, Konsum, coop, Depot.

Wirtschaftlicher Wandel

Not macht erfinderisch – diese uralte Volksweisheit traf im „Wilhelmi-nischen Zeitalter" in besonderem Maße für die ersten Opfer der Industria-lisierung zu. In der heutigen unruhig-dynamischen und technisierten Zeit erscheint die Kaiserzeit als eine Epoche der Ausgeglichenheit, der Sattheit und des Arbeitsfriedens. Jedoch trafen diese Verhältnisse nur für eine ab-solute Minderheit der Bevölkerung zu.

Die industrielle „Entwicklung jener Zeit leitete in Deutschland einen wirtschaftlichen und sozialen Wandel ein. Die lang anhaltenden und wie-derkehrenden Wirtschaftskrisen in den Jahren bis 1890 führten zu einem grundlegenden ideellen und materiellen Strukturwandel – und zu einem endgültigen Übergang von der Agrar- zur Industriegesellschaft. Die Un-ternehmen „Hanomag", „Conti", „Hansa-Silberberg", „Eisenwerke" und zahlreiche andere Werke suchten Handwerker bei expandierender Be-schäftigung.

Im Deisterland wird dieser Wandel dokumentiert durch die Krisen im Bergbau der großen und kleineren Gesellschaften, durch die Gründung von Arbeiterparteien (in Wennigsen: SPD um 1905) und Gewerkschaften, durch das stetige Anwachsen der verschiedenen Hilfsvereine (heutige Be-zeichnung Arbeiterwohlfahrt, DRK Wennigsen, Sozialverband/Reichs-bund) und dem etappenweisen Bau der Eisenbahnstrecke nach Linden und Hannover

Gründungen

Zur Verbesserung der wirtschaftlichen Verhältnisse wurde bereits 1867 in der Salzstadt Schöningen ein Hilfsverein gegründet, der sich nach den englischen Vorbildern organisierte. Durch landesweite Gründung von Ge-nossenschaften wurde ein höherer Lebensstandard erreicht. Der Haushal-tungsverein Wennigsen war eine derartige Selbsthilfeeinrichtung, die von den Mitgliedern eigenverantwortlich geführt wurde. Später wurden die Konsumgenossenschaften in einzelnen Betrieben (Konsum Hanomag um 1885, Conti um 1900) oder für geschlossene Ortschaften (Barsinghausen 1870, Gehrden 1880, Hannover-Oststadt 1888) oder ganze Landstriche wie 1886 in Wennigsen als „Haushaltsverein" für Wennigsen, Argestorf,

Bönnigsen und Mark gegründet. In der Gemeinde Bredenbeck wurde ebenfalls eine Konsumfiliale eröffnet, die vom stark expandierendem Konsum Hannover bereits um 1915 als Filiale beliefert wurde.

Die erste Verteilungsstelle in Wennigsen

Genossenschaftliche Selbsthilfe

Neben den Konsumgenossenschaften wurden in diesen Jahren auch Organisationen für Wohnen und Bauen, für die Ausbildung und als Hilfe in Todesfällen, im Kulturbereich, gegen die Risiken der Haustierhaltung sowie in vielen weiteren Lebenssituationen gegründet. Insgesamt entwickelten sich diese Aufgabenbereiche selbständig weiter; aber meist verschmolzen diese Aktivitäten um die Jahrhundertwende zum allgemeinen Konsumverein. Die Förderung der Mitglieder, sei es materiell oder ideell, war das alleinige Ziel. Das Leitbild wurde häufig prosaisch dargelegt: „Wir leben von Werten, die jeder einzelne von uns nicht geben kann".

Der Haushaltungsverein wurde zunächst 1886 von Bergleuten gegründet, die ihr Schicksal in die eigene Hand nehmen wollten. Ähnlich anderen Gründungen in Niedersachsen wurde dieser Versuch zunächst nur geduldet, da die Obrigkeit gegen derartige „Eigenmächtigkeiten" der Arbeiter eingestellt war. Es handelte sich um einen Verein mit unbeschränkter Haftung, der seinerzeit durch die „Obrigkeit" noch zu genehmigen war. Dies erfolgte dann 1893 als Haushaltsverein. Nicht nur der im ländlichen Raum bedeutsame Markt- und Hökerhandel, sondern auch die landwirtschaftlichen Genossenschaften und kaufmännischen Handelsvereinigungen hatten aus den Konsum-Erfolgen in anderen Landesteilen gelernt und kämpften gegen die neue Konkurrenz vehement an.

Dem ersten Vorstand (gemäß Gesetz) gehörten sieben Bürger an, dies waren: A. Brandes, Wilhelm Fries, Wilhelm Frömmling, W. Knolle, Heinrich Rokahr, Ludwig Rokahr. Fr. Schultze. Insgesamt 45 Mitglieder, eines pro Haushalt oder Familie, zahlten die Anteile ein, die mit dem landesüblichen Zinssatz (häufig 4 - 5%) jährlich verzinst wurden und zusätzlich mit einer weiteren Gewinnausschüttung verbunden waren. Nachdem sich das Vertrauen in die Konsumgenossenschafts-Bewegung in Stadt und Land gefestigt hatte und sich nachprüfbare Erfolge vor Ort einstellten, wurde am 1. Oktober 1893 eine erste „Verteilstelle" eingerichtet.

Grundversorgung durch die Konsumgenossenschaft

Da es sich um eine Selbstverwaltung handelte, musste zeitgleich der Aufsichtsrat gebildet werden. Dies waren der Schmied Wilhelm Fries und die Bergleute Knolle und Schultze. Alle Tätigkeiten (mit Ausnahme des Lagerhalters) erfolgten ehrenamtlich. Dieser Kostenvorteil wurde direkt an die Mitglieder weitergegeben. Neben dem Vorstand und Aufsichtsrat wurden auch in späteren Jahren Mitgliederbeiräte gegründet, die das ständige Mitspracherecht der noch wachsenden Mitgliederanzahl (86 Vollmitglieder) garantierten. Die Mitglieder setzten sich nunmehr aus handwerklichen und lohnabhängigen Bürgern zusammen. Die nichtbäuerlichen Berufe prägten bereits das Erwerbsleben in Wennigsen; von den etwa 300 Arbeitnehmern des Ortes entfielen auf den Bergbau um 100. Bei einer Bevölkerung von 1.800 Einwohnern wurden somit etwa 10 -15 Prozent der Grundversorgung durch die Konsumgenossenschaft sichergestellt. Aufgrund der dauerhaften Erfolge und der landesweiten positiven Erfahrungen wurde nunmehr ein größerer Laden betrieben, der sich im Hause des Schmiedemeisters Rokahr in der Neustadtstraße 25 befand. Das Sortiment beschränkte sich auf einige Dutzend Artikel wie Zucker, Nährmittel,

Kolonialprodukte, Kerzen und Petroleum, Reparaturmaterial für Schuhe und Bekleidung, Haushaltsöl, Seifenflocken und ähnlichem mehr. Besonderes Merkmal der Epoche war ein ständiges Ansteigen der Mitgliederanzahl, da im Konsum mit den sogenannten Borgebüchern auch gegen Kredit eingekauft werden konnte – obwohl die Barzahlung angestrebt wurde.

Erster Weltkrieg

Die Entwicklung des Genossenschaftsprinzips setzte sich trotz aller Gegenbewegungen positiv fort. Ausgelöst durch die städtischen Genossenschaften schlossen sich die örtlichen Konsumgenossenschaften zu Groß-Einkaufsgemeinschaften zusammen, die neben Import und Produktion auch die eigene Waren-Verteilung abwickelte. Somit konnte man sich allerorten auf das Verkaufen an die Mitglieder konzentrieren, welches sich in den Kriegsjahren einmal mehr bewährte. Bereits im ersten Kriegsjahr 1914 traten erhebliche Versorgungslücken auf, die anschließend zur Rationierung von allen Nahrungsmitteln und Gebrauchsgegenständen führte. Der Zulauf zum Konsum, so nun die gebräuchliche Bezeichnung, wuchs schlagartig auf 129 Mitglieder an, da hier keine schwarzmarktähnlichen Preisaufschläge geduldet wurden. Die unzureichende Ernährungslage führte 1917 zu Unruhen und Streiks, da die Brotration wiederholt kriegswirtschaftlich gekürzt wurde. Noch heute wird der Begriff „Steckrübenwinter" stellvertretend für die extreme Notsituation angewendet. Im Deisterland sind streikähnliche Unruhen wiederholt zu verzeichnen.

Krise und Inflation

Den Kriegsjahren (1914-1918) folgten die Krisenjahre (1919-1923). In der schlimmsten Phase reichte der Tagesverdienst eines Facharbeiters bei der Hanomag für den Einkauf eines einzigen Margarinewürfels. In dieser Zeit bewährte sich das Solidarprinzip der „Konsumler", welches die Mangelsituation durch den direkten Vertriebsweg von der Eigenproduktion zur Filiale ausgleichen konnte. In kleinen Gemeinden, so auch in Wennigsen, sind derartige Engpässe nicht gravierend aufgetreten, da sich durch die Erträge der Hausgärten und den Tauschhandel mit dem Hannoverschen

Warenzeichen der Konsum-Genossenschaften 1920 - 1933

Das Zündholz des Genossenschafters!

Konsumverein Wennigsen und Umland

Konsumverein ideale Bedingungen ergaben. Der Haushaltsverein Wennigsen zählte 1924 insgesamt 301 Mitglieder. Die Verkaufsstelle wurde aufgrund des Wachstums von der Neustadtstraße in die Hirtenstraße verlegt und „neuzeitlich" eingerichtet. Es wurde eine elektrisch gekühlte Milchkammer eingerichtet, womit das Sortiment erheblich erweitert werden konnte. Die Konsumgenossenschaftler stellten sich der Konkurrenz, obwohl landesweit Strafandrohungen und Schikanen folgten, die vom damaligen Mittelstandsprotektionismus getragen wurden. Als Reaktion schloss sich der Haushaltsverein Wennigsen der Einkaufsvereinigung Deister an, wobei der Förderungsgedanke der Genossenschaften schlagartig weiter verbreitet und aufgewertet wurde.

Hohe Rückvergütung

Die Bekämpfung der Volksnot war in diesen Jahren ein Hauptziel der Kommunalpolitik. Auch in Wennigsen wurden in der Inflationszeit „Gutscheine" als Geldersatz herausgegeben, welche im Umland akzeptiert wurden. Zum Höhepunkt der Weltwirtschaftskrise - die sich in Wennigsen besonders in der Arbeitslosigkeit ausdrückte - betrug die Mitgliederanzahl 482 Familien. Entwickelt wurde die Kooperation von zahlreichen ländlichen Konsumvereinen mit dem Konsum Hannover. Aufgrund der Vorteile aus der in- und ausländischen Vernetzung und des Verzichts auf den verteuernden Zwischenhandel konnte eine Rückvergütung von 6 - 7% ausgezahlt werden. Dies erfolgte wohlgemerkt auf einer Basis von Verkaufspreisen, die weit unter dem Konkurrenzniveau in Wennigsen lagen. Das Vertrauen in die eigene Kraft führte im Jahre 1930 zu einer erheblichen Investition. Der Haushaltsverein erwarb das (bisher bereits teilweise angemietete) Grundstück in der Hirtenstraße (heutige Hausnummer 23), welches auch heute noch aufgrund von Satzung und Vertrag sozialen Zwecken zu dienen hat. In Protokollen ist die weitere Entwicklung in Wennigsen nachzulesen. „Mit dem Besitz eines eigenen Grundstücks begann eine rasche Aufwärtsentwicklung, da ... sich die Verteilstelle in absolut zentraler Lage des Dorfes befand. Die Anfeindungen der privaten Geschäftswelt waren natürlich hier, gleich wie in anderen Orten, sehr groß. Mit der Machtergreifung durch die Nationalsozialisten begann auch für unsere Genossenschaft ein dornenvoller Weg."

Anfeindung und Liquidation

Der Leitgedanke der Konsumgenossenschaften, nämlich die Selbstverwaltung, stand im absoluten Widerspruch zum Staatsziel des Naziregimes. Es folgten demzufolge Phasen der Agitation gegen alles, was in diesem Unternehmen demokratisch, sozial fortschrittlich und in seiner Grundhaltung international ausgerichtet war. So wurden Mitglieder unter Druck gesetzt und zum Austritt gezwungen. Ferner wurde gesetzlich geregelt, die jährliche Rückvergütung auf höchstens 3% zu beschränken.

Im Rahmen der staatlichen Wirtschaftspläne und der planmäßigen Hinwendung zur Kriegswirtschaft erfolgten weitreichende Reglementierungen, die aber keineswegs zu einer Versorgungsverbesserung unserer Bevölkerung führten. Ein weiteres Gesetz im Jahre 1935 schränkte die Handelungsfreiheit der Konsumgenossenschaften weiter ein. Nach Einführung der Lebensmittelmarken (1938), also der allgemeinen Reglementierung der Versorgung von Haushalten, wurde die Liquidation des „Konsum Wennigsen und Umland" eingeleitet.

Nach der zwangsweise angeordneten Umgründung in „Ländliche Wirtschaftsgenossenschaft Wennigsen/Deister" waren die konsumgenossenschaftlichen Grundgedanken ausgehebelt. Die letzte Generalversammlung wurde am 14.02.1943 abgehalten; anschließend wurde das Sach- und Grundvermögen beschlagnahmt und durch die Deutsche Arbeitsfront wegen angeblicher Staatsfeindlichkeit eingezogen. Mit diesem Federstrich wurden so die Mitglieder der Konsumgenossenschaft ihrer Sachwerte beraubt, welche in jahrelanger Gemeinschaftsarbeit „zum Wohle und zur Förderung ihrer Mitglieder" aufgebaut worden waren. Ein überregionaler „Versorgungsring" löste die Leistungsfähigkeit und Individualität der örtlichen Konsumgenossenschaft ab. Der Laden in der Hirtenstraße wurde verpachtet, die Produktionseinrichtungen (wie Schrotmühle, Abfüllanlage, Kohlenwaagen) wurden demontiert.

Chaos und Wiederaufbau

Mit dem Einzug der Alliierten am 8. April 1945 war der Krieg für die Wennigser Bevölkerung zunächst abgeschlossen. Die britische Militärverwaltung ordnete das Zivilleben weitgehend nach Vorkriegsverhältnissen. Insbesondere im Lebensmittelbereich war eine absolute Mangelsituation vorhersehbar. Als erste Maßnahme wurde daher die Fortsetzung der Rationierung angeordnet und ab 1946 der Wiederaufbau der Handelsorganisationen, eingeschlossen die Konsumgenossenschaften, eingeleitet.

Im allgemeinen Chaos der ersten Nachkriegsperiode begannen aktive Genossenschafter und Demokraten, die Konsumgenossenschaft in Wennigsen wieder aufzubauen. Es schien als ein fast hoffnungsloses Unterfangen, denn die Bevölkerung unseres Ortes hatte sich auf über 5.000 Einwohner verdoppelt. Aber die Internationalität der Konsum-Bewegung führte zu einer raschen, wenn auch nur vorübergehenden Notlösung. Im Juni 1945 wurden auf Anweisung der Militärregierung einige Not-Genossenschaften eingerichtet. Die Aufträge ergingen aus dem „Headquarter Hanover" über die Militärpolizei an die Genossenschaftler Wilhelm Tendeler, Heinrich Körner und August Anger, die als Garanten einer demokratischen Entwicklung erkannt wurden. Mit dieser Maßnahme sollte der ausufernden, unkonzeptionellen Gründung von Flüchtlingsgenossenschaften und anderer Einrichtungen entgegengewirkt werden. Die bald einsetzende

Flüchtlingswelle rechtfertigte diese Entscheidungen der britischen Militärregierung. Ferner hatten im Stadtbereich Hannover die zahlreichen Antifa-Kommitees bereits die ungesetzliche Re-Privatisierung von Geschäften vorangetrieben, allerdings um der Not der Bevölkerung entgegenzuwirken. Zu dem hatte sich zwischenzeitlich eine Schwarzmarktmentalität breitgemacht, der durch die zügige Wiedergründung alter Handelsstrukturen entgegengewirkt werden sollte.

Hilfe aus Groß Britannien

Ansprechpartner war in dieser Situation der britische Beauftragte Mr. W.P. Watkins, der sein Büro im „Headquarter Hanover", in den Nissenhütten am Maschsee-Nordufer, eingerichtet hatte. Diese Stelle organisierte kooperativ den Wiederaufbau, wobei an die jahrzehntelange Internationalität der Konsum-Bewegung angeknüpft wurde. Die segensreiche Hilfe setzte sich (auf einer anderen Ebene) im allgemeinen Programm der Schulspeisung und der Volksküche fort - und wurde mit „The Bridge", der Kulturbrücke, langfristig abgerundet. Von dieser Gesamtentwicklung profitierte der Konsum-Wennigsen – wie er sich nun nannte - erheblich. Nicht zu vergessen: Lebensmittel, Kleider, Schuhwerk und Brennstoffe wurden auf rationierten Karten eingekauft, die Geldwährung war ein zweitesmal in kurzer Zeit wertlos geworden.

Rationierung und Schiebereien

Die Stichworte wie Rationierung, Kontingentierung, Bezugsscheine, Schwarzmarkt und Schiebereien, Kälte und Hungertote, Tuberkulose, unversorgte Kriegsopfer, Meldewesen für Haustierhaltung und Schlachtgenehmigungen seien stellvertretend für den Mangel an allem angeführt. Das Landeswirtschaftsamt regelte den Lebensmittelverkauf über das Markensystem und Sonderzuteilungen. Die Fragen der Gerechtigkeit bleiben unbeantwortet.

Die führenden Genossenschaftler unseres Ortes waren sich einig, dass man bei der geplanten Wiedergründung nicht dort ansetzen konnte, wo man vor einem Jahrzehnt gezwungenermaßen aufhören musste. Da die neue, von den Besatzungsmächten getragene, deutlich konkurrenzorientierte Wirt-

--- To whom it may concern ---
Valid till 1945

Mr/Herr: August Opitz
residing at: Laatzen
Dorfstraße 1.'
is occupied in our commission with
the repair and reconstruction of the
Consumers' Co-operative Societies
called Konsum-Verein Hannover. We
kindly ask the British Military
Authorities to let him freely pass on
his way with his instructions.

Hannover-Laatzen
the/am: August 12th, 1945

Comitee for reconstruction
Ausschuß für Wiederaufbau

schaftsordnung erst allmählich erkennbar war, verzögerte sich die Aufbauarbeit der Konsumgenossenschaften erheblich. Am 12.10.1947 wurde die Neugründung der „Konsumgenossenschaft Wennigsen und Umgegend" von 84 Personen vollzogen und Wilhelm Tendeler als Vorstandsvorsitzender bzw. Aufbauvorsitzender bestätigt.

Der ehemalige Laden in der Hirtenstraße, der seit der Enteignung privatrechtlich geführt wurde, setzte den Verkauf fort. Die rechtsverbindliche Verpachtung wurde erst 1949 aufgehoben und das Anwesen restituiert. Auf Anordnung der Britischen Militärregierung erfolgte am 25.01.1948 eine außerordentliche Generalversammlung, die einiges Aufsehen im Orte verursachte. Streitpunkt war die Auslegung der Statuten, die von der Besatzungsmacht unter dem Prinzip der Marktwirtschaft vorgegeben waren. Die Ergebnisse wurden in einem englischsprachigem Protokoll abgefasst, dem Headquarter anschließend zur Genehmigung zugestellt und später in deutscher Sprache veröffentlicht.

Es wurden von den 125 Mitgliedern wie folgt gewählt:
Vorstand: Wilhelm Tendeler, Ernst Mathwig, Ernst Stöcker, Albert Hemme, Fritz Hesse. Aufsichtsrat: Konrad Schönfeld, Hermann Schönleiter, Karl Schumacher, Ernst Pinkenburg und Heinrich Körner.

Aufwärts

Der Verkauf von Lebensmitteln über Bezugsscheine konnte durch freiwillige Leistungen ergänzt werden. Hier bot sich eine Lösung an, von der viele Bürger auf Basis der damals begehrten Naturalwirtschaft profitierten: man verdingte sich zur Trümmerräumung beim Konsum Hannover (allerdings nur sonntags) und wurde mit Dosenspenden der britischen Konsumgenossenschaften wie Fette, Seife, Schreibpapier, Zucker oder sonstigen Mangelprodukten entlohnt.

Anpacken

Konsum Hannover-Laatzen
Wir bauen den Konsum und die Filialen wieder auf.
Selbsthilfe: Konrad-Hänisch-Straße. An jedem Sonntag
von 8-16 Uhr im März, April und Mai 1948.

Co-operative society
Wennigsen and surroundings.

R e p o r t
of the extraordinary general association, 25th of January 1948

At two o'clock 3o in the afternoon the extraordinary general
association was opened by the president of the erection committee,
associate Tendeler. The representative of Military Government
was absent. Associate Tendeler acquainted with the order of the day.

1. Report of the erection committee.

2. Election of the managing committee and the board of
directors.

3. Election of the distributer or storekeeper.

4. Sundry matters.

Associate Körner proposed to adjourn point 3 of the order of the
day as till to-day nobody had applied for the post of a distributer.
In either case some preliminary works are still to be done.
The assembly granted the petition unanimously.

In reference to point 1 associate Tendeler spoke of the achievment
of the new association. At the desire of Military Government
new life shall be brought into the former "Haushaltungsverein".
On the 12th of october 1947 the foundation assembly has already
been held. The statute, the foundation assembly has approved, has
been acknowledged by the Military Government.

Then associate Tendeler referred to the enormous labours of the
preparatory committee. Only by the good co-operation of the
associates it has been possible to accomplish the enormous work.

Referring to the beginning of the co-operative trading-system,
associate Tendeler said England had performed typical work on this
line was and was till to-day leading in the whole world. Of course
everything is rained up on a democratic base. In Germany the
idea of founding co-operative societies suggested not before
1846-1848. The idea occured to give to the workman the possibility
of purchasing everything he requires as cheap as possible. In the
ninetieth years of the last century the co-operative trading-system
had a great raise. In 1903 the opposing currents of private
commercial enterpise began. In spite of this the upward tendency
continued til 1931. 1933 was the year of catastrophe for the
co-operative trading-system. Now the systematic smash began.
The property was called in and the plant of establishment confiscated
Only the end of War and the work of the Military Government make
the reconstruction of the co-operative societies possible. At
last associate Tendeler begged the general assembly to take part
in reconstructing the co-operative societies.

Associate Mathwig who then asked the permission to speak, referred
that only trade-union was the support of the co-operative trading-
system, and therefore it is not to be let off that the
functionaries of the trade-union take part in the direction.

- 2 - .

Der Laden-Verkauf wurde in Wennigsen zunächst in einem Provisorium durchgeführt, dann ab Juni 1949 in einem behelfsmäßigen Laden in der Neustadtstraße. Zum Jahreswechsel konnte dann der zwangsenteignete Laden im „Konsumhaus Hirtenstraße" wieder zur Versorgung der Bevölkerung übernommen werden. Der Kohlenhandel und die Schrotmühle sollen nicht unerwähnt bleiben. Da die Mitgliederzahl nach der Währungsreform (1948) sprunghaft anstieg, wurden drei neue Filialen eröffnet.

Zwischenzeitlich wurde das saisonale Kataloggeschäft eingeführt, wobei die bestellte Ware in den Filialen verpackungsfrei abgeholt werden konnte.

Im Jahr 1957 versorgten sich über 700 Mitgliedsfamilien über „ihre" Konsumgenossenschaft mit Lebensmitteln, wo dann bereits im Selbstbedienungs-System eingekauft wurde. Zeitweise wurden Rabattmarken ausgegeben, die zum Jahreswechsel als stille Sparkasse eingelöst werden konnten. Die Ära des reinen Mitgliederhandels, nämlich der ausschließliche Verkauf an eingetragene Genossen, wurde aufgrund neuer Gesetze im Jahre 1954 eingestellt.

Neue Sortimente (wie Tiefkühlung, Frischobst, Gebrauchsgüter, Schreibwaren..) veränderten die Ladenkultur auch in Wennigsen. Seit etwa 1955 prägten Frauen das Genossenschaftsleben in allen Regionen und Gremien, was sich auch in der Mitarbeiterstruktur ausdrückte.

Neue Strukturen und das Ende des „Konsum Wenningsen"

Im Ballungsgebiet Hannover setzte die erste Welle des Ladensterbens ein, kurzfristig gefolgt von der zweiten Strukturänderung, dem Discountprinzip. Die Kaufkraftabwanderung aus unserem Orte in übergeordnete Zentren war unübersehbar, in dessen Folge die Filialen in Degersen und Bredenbeck ersatzlos geschlossen wurden. Die Eröffnung einer Filiale in Argestorf, dort vehement gefordert, wurde nicht mehr realisiert.

Die Grenzen eines ehrenamtlichen Managements wurden in Umrissen erkennbar. Zeitgleich und zusätzlich: der Kapitalbedarf konnte von den Mitgliedern für die immer größeren Läden nur noch schwerlich gedeckt werden. Auch aus dieser Sicht brach eine Zeit an, die sich nunmehr als ein Start in die Anonymität herausstellte.

alle sagen:

KONSUM ...gut!

Werde Mitglied und dein Los ist erleichtert

Konsum Wennigsen
und Umgegend

In den Folgejahren wurde die heute existierende Einzelhandelsstruktur eingeleitet: das System der Nahversorgung wurde durch die standardisierte Massendistribution ersetzt. Dieser Entwicklung konnte sich die Konsumgenossenschaft nicht entziehen. Bereits 1968 wurde ein zeitgemäßer Supermarkt unter der Bezeichnung „coop - mit dem blauen Quadrat" in der Argestofer Straße eröffnet und kurzfristig sogar nochmals vergrößert. Eine hohe Kundenfrequenz und vergrößerte Sortimente führten zwangsweise zu einer Neueröffnung „Depot-Markt" am Bahnhof, der über einen weiträumigen Parkplatz verfügte. In diesem Markt wurde übrigens erstmalig ein Kundenparlament eingeführt, welches an die ursprüngliche Mitbestimmung der Genossenschaftsmitglieder anknüpfte. Auch logistisch wurden weitere Konsumgenossenschaften des Landkreises wie Gehrden, Barsinghausen und Steinhude oder das weiträumige Weser-Leineland in das Verteilzentrum Hannover integriert.

Die „Konsumgenossenschaft Wennigsen" fusionierte sodann mit „coop Hannover" zur „coop Niedersachsen", die dann im Wirtschaftsraum Niedersachsen unter den Firmierungen „coop" und „depot" sowie „Plaza" und „in" als Aktiengesellschaft tätig wurde. Die Fusionswelle setzte sich ungebremst fort, die Wirtschafsräume der „coop-Niedersachsen" umfassten später zusätzlich Hamburg und Bremen.

Im Jahr 1994 wurde die Unternehmens-Veräusserung an die Asko (Metro-Konzern) abgeschlossen. Damit endete die Geschichte der Konsumgenossenschaft Wennigsen.

Weitere Veröffentlichungen:

Gustav Dahrendorf
Hamburger Bürgermeister des 20. Juli 1944

Dieses Buch wurde anlässlich des 50. Todestages von Gustav Dahrendorf produziert. Es enthält Texte von ihm über den 20. Juli 1944, Reden der Erinnerungsveranstaltung im Hamburger Rathaus am 30. Oktober 2004 und eine kurze Biographie, die unmittelbar nach seinem Tode geschrieben wurde.

ISBN: 3 - 8334 - 3616 - 6

Die Konsumgenossenschaften in der Wende von 1989/90

Von der Plan- zur Marktwirtschaft am Beispiel der Genossenschaft Sachsen-Nord / Eilenburg

Die Wende in der DDR bedeutete für den Konsum einen erheblichen Einschnitt: Der staatliche Versorgungsauftrag fiel weg – plötzlich galten marktwirtschaftliche Regeln. Die Genossenschaften in Eilenburg, Torgau und Wurzen stellten sich gemeinsam dieser Herausforderung. Als neue Konsumgenossenschaft Sachsen-Nord schafften sie den Sprung in die Marktwirtschaft.

ISBN: 978-3-8334-8342-4

Chronik der Konsum-genossenschaft Nord eG

Die erste dauerhafte Konsumgenossenschaft der Welt begann ihre Arbeit am 12. Dezember 1844 in Rochdale, England. Die Gründer waren 28 arbeitslose Flanellweber, die sich gegen das Preisdiktat der privaten Krämer und Händler für Lebensmittel auflehnten. Sie versuchten durch den Verkauf der Lebensmittel über die Konsumgenossenschaft die Not der Familien zu lindern.In Deutschland gab es erste frühe Gründungen von Konsumvereinen 1849 in Chemnitz und 1850 in Eilenburg.

ISBN: 9-7838-3348-4469

150 Jahre Konsumge-schichte

im DGB-Bildungszentrum Sasel
Saselbergweg 63
22395 Hamburg
Telefon 040 / 606 70 60